RELATION INÉDITE

D'UN

VOYAGE AUX GLACIÈRES DE SAVOIE

FAIT EN 1762

(PAR UN VOYAGEUR FRANÇAIS, LOUIS-ALEXANDRE,
DUC DE LA ROCHEFOUCAULD D'ENVILLE)

AVANT-PROPOS

Le Mont-Blanc est définitivement conquis par l'installation à son sommet de deux observatoires permanents, et, bientôt, le sifflet de la locomotive va faire résonner les échos de la principale vallée d'accès par laquelle on peut ascendre le géant des Alpes et de l'ancien monde[1].

Cette vallée de Chamonix, devenue classique dans la littérature alpestre après les voyages de Windham et de Martel (1741 et 1742), cette route suivie pour se rendre aux glacières de Savoie et dont Genève était « en quelque sorte le portique » ont toujours éveillé l'attention de ceux qui ont étudié l'historique de ce mouvement, vieux d'un siècle et demi, qui porte les hommes vers les beautés et même les dangers de la montagne.

C'est surtout de 1780 à 1790 que, suivant Lalande[2], le

---

1. La construction de la voie ferrée entre Cluses et le Fayet est décidée; ensuite la ligne sera prolongée jusqu'à Chamonix : il semble que la locomotion électrique sera employée dans cette dernière partie du trajet.

2. JÉRÔME LALANDE, astronome, *Voyage au Mont-Blanc*. Magasin encyclopédique, 1796, t. IV, p. 433.

voyage aux Glacières était « très à la mode ». L'affluence des curieux était extrême; on voyait arriver à Chamonix jusqu'à trente voyageurs par jour durant les deux mois où la région était praticable.

Un voyageur anglais, John Moore, caractérise ainsi cette vogue extraordinaire :

« Tout ce que j'avais ouï raconter des Glacières avait excité ma curiosité, tandis que l'air de supériorité que se donnaient quelques-uns de ceux qui avaient fait ce voyage si vanté piquait journellement ma vanité. A peine pouvait-on citer un fait singulier ou curieux sans que quelqu'un de ces gens-là ne vous dît d'un air méprisant : « Mon cher Monsieur, cela est « fort bien; mais, croyez-moi, tout cela comparé aux Glacières est « bien peu de chose [1]. »

Nous avons pensé qu'il y aurait quelque intérêt à publier la relation inédite d'un Français, précurseur de ces excursions en montagne qui ont inspiré la création des Clubs Alpins.

L'*Annuaire* du Club Alpin Français, à côté des courses récentes, des ascensions nouvelles, a fait une place au passé, au rétrospectif, en insérant : le *Précis d'un voyage à la Bérarde en Oisans*, en 1786, par le botaniste D. Villars [2]; la *Relation d'un voyage au Mont-Cenis* fait en 1787, par Pison du Galland [3]. Notre collègue M. Pierre Puiseux nous a raconté l'*histoire du Mont-Rose avant 1855* [4], et dans le même *Annuaire* de 1891 M. le docteur Le Pileur nous a parlé d'une *Tentative de mensuration du mouvement des glaciers* faite en 1772 dans cette vallée de Chamonix où nous allons pénétrer, à la suite de l'un de nos compatriotes qui, dix ans plus tôt, en 1762, entreprit le voyage aux fameuses glacières, « qu'aucun Français n'avait encore tenté ».

Quoi qu'en dise notre auteur, la vallée avait été déjà parcourue par d'autres Français : ecclésiastiques, fonctionnaires ou soldats.

Il semble bien, d'après M. Th. Dufour, que le controversiste français Jacques Fodéré ait donné une description, rédigée dès 1587-1588, des glacières du Faucigny, sans qu'elles soient nommées en toutes lettres [5].

1. *Lettres d'un voyageur anglais sur la France, la Suisse et l'Allemagne*, trad. H. Rieu, Genève, 1781, in-8.

2. *Annuaire du C. A. F.*, 1886, p. 633.

3. *Annuaire du C. A. F.*, 1889, p. 351.

4. *Annuaire du C. A. F.*, 1891, p. 117.

5. *Narration historique et topographique des couvens de l'ordre Saint-François et monastères Sainte-Claire érigez en la province an-*

RELATION INÉDITE

D'UN VOYAGE

AUX GLACIÈRES DE SAVOIE

EN 1762

PAR

LE DUC DE LA ROCHEFOUCAULD D'ENVILLE

AVEC

INTRODUCTION ET NOTES

PAR

LUCIEN RAULET

Membre du Club Alpin Français, Bibliothécaire honoraire de la
Société de Géographie commerciale de Paris

Extrait de l'Annuaire du Club Alpin Français
20ᵉ volume. — 1893.

PARIS

AU SIÈGE DU CLUB ALPIN FRANÇAIS

30, RUE DU BAC, 30

—

1894

RELATION INÉDITE

D'UN VOYAGE

AUX GLACIÈRES DE SAVOIE

EN 1762

PAR

LE DUC DE LA ROCHEFOUCAULD D'ENVILLE

AVEC

INTRODUCTION ET NOTES

PAR

LUCIEN RAULET

Membre du Club Alpin Français, Bibliothécaire honoraire de la
Société de Géographie commerciale de Paris

———

Extrait de l'Annuaire du Club Alpin Français
20e volume. — 1893.

PARIS

AU SIÉGE DU CLUB ALPIN FRANÇAIS

30, RUE DU BAC, 30

—

1894

Dans les œuvres de René Le Pays, on trouve une très curieuse lettre que l'auteur écrivait de « Chamony en Fossigny », le 16 mai 1669, à une dame qu'il compare aux glaciers dont il se trouve entouré[1]. Ce poète, dont Boileau parle dans son *Repas ridicule* comme d'un « bouffon plaisant » mais pourtant « écrivain estimé chez les provinciaux », était un excellent fonctionnaire, un administrateur de talent qui ne dut pas remonter la vallée de Chamonix, « ce païs affreux, dit-il, dont je suis résolu de me tirer le plutost que je pourray », pour le plaisir de voir les montagnes de glace, dont il donne cependant une poétique description. Ce directeur des gabelles du Dauphiné, en résidence à Grenoble, fut plutôt chargé, croyons-nous, par le duc de Savoie Charles-Emmanuel II, d'une mission, d'une enquete dans cette partie de ses États, car l'année suivante, en 1670, le duc nomma Le Pays chevalier de son ordre de Saint-Maurice.

Le savant français Firmin Abauzit (1679-1767), qui, jeune encore, fut obligé de quitter la France à la suite de la révocation de l'Édit de Nantes, visita les glacières de Savoie et en fit une carte[2].

Dans l'ordre chronologique se placent ici la relation des Anglais Windham et Pococke (1741) et celle du Genevois Martel (1742)[3].

Un Français, le marquis de Maugiron, brigadier des armées du roi, visita les glacières du Faucigny avant 1750. Dans une assemblée publique de la Société royale de Lyon, tenue le 2 décembre 1750[4], fut lu un extrait d'un *Mémoire* de M. de Maugiron, membre de cette société, *sur quelques découvertes faites dans la Suisse et dans le Valais.* L'auteur y avait consigné

ciennement appelée de Bourgogne à présent de Saint-Bonaventure, par le R. P. Jacques Fodéré, Lyon, 1619, pages 297-298.

1. Les *Nouvelles Œuvres de Monsieur Le Pays*, Amsterdam, 1674, 2ᵐᵉ partie, p. 124. Cette lettre de Le Pays a été publiée par M. Ch. Durier dans l'*Annuaire* de 1890, p. 27.

2. *Œuvres diverses de M. Abauzit*, Londres, 1770, t. Iᵉʳ, p. xv. Abauzit fut reçu bourgeois de Genève en 1727, et il resta bibliothécaire de cette ville pendant un demi-siècle. Ce fut le seul homme vivant dont J.-J. Rousseau ait fait l'éloge.

3. *William Windham et Pierre Martel. Relations de leurs deux voyages aux glaciers de Chamonix* (1741-1742). Texte original publié pour la première fois par Théophile Dufour, Genève, 1879.

4. *La Nouvelle Bigarrure*, La Haye, 1753, t. II, p. 49, nº 7.

« de curieuses remarques sur les montagnes appelées les Glacières, en particulier sur celles du Faucigny, dont le circuit est de plus de dix lieues, sur ces amas énormes de glaces et de neiges qui depuis un temps immémorial résistent à l'action du soleil. Les bornes prescrites à un extrait, ajoute le présentateur, obligent à renvoyer à la lecture du Mémoire tous ceux qui souhaiteront de tout ceci une plus ample explication. » Ce mémoire est-il perdu? Nous avons consulté l'*Histoire de l'Académie royale des sciences, belles-lettres et arts de Lyon*, par J.-B. Dumas. Ce document n'est pas au nombre des manuscrits conservés dans les archives de cette société.

Notre relation de 1762 se place ici; mais il faut aller ensuite jusqu'en 1790 pour trouver une autre relation française aussi complète que celle que nous publions, ou que celles de 1741 et de 1742.

Le chevalier de Kéralio, traducteur de l'*Histoire naturelle des glacières de la Suisse*, de Grüner [1], fait un voyage dans la vallée, sans la décrire.

Il existe une relation assez détaillée d'un voyage aux glacières en 1776 par un ancien capitaine d'infanterie « au service de France »[2]. D'après les Anonymes de Barbier, il se nommait de La Roque; mais était-il Français?

H. Besson, l'auteur de l'Introduction intitulée : *Discours sur l'histoire naturelle de la Suisse*, qui accompagne les *Tableaux topographiques, pittoresques, physiques... de la Suisse* (par J.-B. de Laborde et F.-A. de Zurlauben, Paris, 1777-1788, in-folio), visita en 1777 les glaciers des Alpes du Faucigny, sans nous laisser un récit de son voyage.

Ramond de Carbonnières, l'explorateur des Pyrénées, parcourut les glacières en 1780, et fit paraître en 1782 la traduction des *Lettres de William Coxe*[3]. « Il a seulement, dit-il, l'intention de terminer le tableau, non de raconter son voyage. »

L'un des auteurs des *Tableaux pittoresques de la Suisse*, J.-B. de Laborde, premier valet de chambre de Louis XV, ban-

---

1. Paris, 1770, in-4.

2. *Voyage d'un amateur des arts en Flandre..., en Savoye, en Italie et en Suisse pendant les années* 1775, 76, 77, 78, par M. de la R***, écuyer, ancien capitaine d'infanterie au service de France, 4 volumes, Amsterdam, 1783.

3. *Lettres de William Coxe à M. W. Melmoth sur l'état politique civil et naturel de la Suisse*, Paris, 1782, in-8.

quier de la cour, fermier général, créateur du quartier neuf
de la Chaussée-d'Antin, guillotiné en 1794, entreprit en 1781
le voyage des glacières, mais en pénétrant dans la vallée
par Martigny. Il pourrait faire, dit-il, une « magnifique description et même incroyable de tout ce qu'il a vu dans les
deux journées qu'il passa dans la vallée ; mais il renvoie à
la relation de M. de Bourrit et à celles de M. Coxe et de son in-
génieux traducteur (Ramond), enfin à celles de M. Moore et
des autres voyageurs qui ont parcouru les glacières du Faucigny[1] ».

Comme nous l'avons dit, c'est en 1790 que nous trouvons le
premier récit complet d'un voyage dans la vallée fait par un
Français. Le récit de ce voyageur, Victor Augerd, n'a été publié
qu'en 1886 par son petit-fils[2].

La relation de 1762 que nous mettons au jour ajoutera certainement à l'histoire de la pénétration dans la vallée de Chamonix[3].

Quel était le voyageur qui se disait le premier Français ayant
tenté ce voyage, « honteux que ces montagnes de Savoie qui
sont si près de sa patrie n'y fussent pas encore connues » ?

Si nous en croyons J.-B. de Laborde, dont nous avons déjà
parlé, il faudrait « que tout voyageur, avant que d'entrer dans
les détails de son voyage, commençât par donner une petite
notice de sa naissance, de son éducation, de ses goûts, de sa
santé, de sa fortune, de son caractère, des principaux événe-
ments de sa vie, afin que l'on pût juger s'il est en état de voir
et de sentir, s'il n'a pas de l'humeur contre le genre humain,
des préjugés contre les nations qui ne sont pas la sienne ; s'il
est naturel, vrai ; de quelle manière il voyage, si c'est à pied, à
cheval, en voiture, seul ou en compagnie, si son but est d'écrire

1. *Lettres sur la Suisse*, adressées à Madame de M*** par un voyageur français en 1781, Genève, 1783, in-8.

2. *Une excursion à Chamouny* [VICTOR AUGERD], Bourg, 1886. On y
a joint une lettre de Mlle d'Angeville racontant son ascension au
Mont-Blanc (1838).

3. Voir pour l'historique et la bibliographie : *Le Mont-Blanc*, par
CHARLES DURIER, Paris, 1877, in-8, et les éditions suivantes in-12. —
*William Windham et Pierre Martel. Relations de leurs deux voyages
aux glaciers de Chamonix* (1741-1742), par TH. DUFOUR, Genève, 1879.
— *Swiss Travel and Swiss Guide Books*, par W. A. B. Coolidge, Lon-
dres 1889.

simplement ce qu'il a vu, ou si ce n'est pas plutôt de vendre un roman[1]. »

L'autobiographie nous manque; remplaçons-la par quelques notes sur le personnage, alors trop jeune pour avoir un passé, mais qui depuis a occupé une certaine situation dans la politique et dans le monde des savants et des économistes. L'auteur de la *Relation du voyage aux glacières de Savoye* en 1762 est Louis-Alexandre de la Rochefoucauld, duc de la Roche-Guyon et de la Rochefoucauld d'Enville, né à Paris le 11 juillet 1743. Il descendait de l'auteur des *Maximes* par sa mère, la fameuse duchesse d'Enville, qui avait su attirer autour d'elle, dans son hôtel de Paris et dans son château de la Roche-Guyon, la société la plus choisie et la plus savante de la seconde moitié du xviii° siècle. On y rencontrait des hommes d'État ou des grands seigneurs comme Choiseul, Rohan, Maurepas, Beauvau, Castries, Chauvelin; des savants, des littérateurs, ou des économistes comme Turgot, Condorcet, d'Alembert, les abbés Barthélemy, Delille, Mably et Nollet, Desmarest, Dolomieu, Rochon, Fourcroy, Morel, Dupuis, l'auteur de l'*Origine des cultes*, etc. Le fils et la mère furent en correspondance avec les savants genevois : Saussure, Deluc, Pictet, Bonnet, Tronchin, Lesage, Mallet, etc.

Le duc de la Rochefoucauld devint colonel du régiment de la Sarre en 1769, pair de France en 1770, membre de l'Académie des sciences en 1782, et président de la Société royale de médecine en 1785.

Il fut du nombre des gentilshommes qui s'enthousiasmèrent pour la cause américaine, et, s'il n'accompagna pas La Fayette et Rochambeau, il eut pourtant son rôle dans la lutte des colonies anglaises contre leur métropole. Nous le voyons traduire en 1783 les *Constitutions des treize États unis de l'Amérique*; le 10 mai 1785, il est nommé, par le Conseil municipal de New-York, citoyen de cette ville, en même temps que MM. d'Houdetot, de Condorcet, de Jarnac, etc.

Entre temps, il s'élève contre les lettres de cachet et réclame en 1774 la réunion des États-Généraux. Il est un des six ducs et pairs qui siègent dans l'Assemblée des notables (1787). Bachaumont nous donne la liste des 169 membres qui composaient cette assemblée; le duc de la Rochefoucauld y est ainsi qualifié : « Plein de nerf et de patriotisme, très instruit. »

---

1. *Lettres sur la Suisse* (1781), Genève, 1783.

La noblesse de Paris le nomme pour la représenter aux États-Généraux de 1789, le deuxième sur vingt élus. Il y préside plusieurs comités, fait des rapports sur les impôts, les biens ecclésiastiques, les domaines nationaux, les assignats ; il est le rapporteur de la première commission du budget de la France moderne.

Membre du Conseil du département de Paris, il en est nommé le président (octobre 1791). C'est à ce titre qu'il prit, le 6 juillet 1792, un arrêté suspendant le maire de Paris, Pétion, et le procureur de la Commune, Manuel. Le renversement du trône au 10 août l'obligea de se retirer. Le 4 septembre suivant, il est arrêté à Forges-les-Eaux, en Normandie, où il avait rejoint sa femme et sa mère, et, sous leurs yeux et ceux de son ami, le savant minéralogiste et géologue Dolomieu, il est assassiné à Gisors (Eure).

Le duc de la Rochefoucauld avait dix-neuf ans lorsqu'il entreprit le voyage des Glacières de Savoie. Il venait de perdre son grand-père (mars 1762) ; le duc d'Enville, son père, lieutenant général des armées navales, était mort en 1746 pendant la malheureuse expédition d'Acadie[1].

Le manuscrit qui contient la relation du voyage de M. de la Rochefoucauld est conservé à la Bibliothèque nationale, département des manuscrits, fonds français, n° 14,657 (ancien supplément français, n° 2594). Il ne porte aucune indication qui puisse renseigner sur sa provenance, et le conservateur du département n'a pu nous apprendre comment ce manuscrit était entré, au xviii° siècle, à la Bibliothèque du Roi[2].

Une « Épitre dédicatoire à Madame la duchesse d'Enville », mère du jeune voyageur, précède les pièces composant ce recueil.

La première est une *Exposition abrégée de l'histoire, du gouvernement, des mœurs, usages et loix de la République de Genève.*

La pièce qui suit est le *Voyage à Lyon par le Bourbonnais et à Genève*; en voici le début :

« Ne vous imaginez pas, monsieur, lire le voyage des Co-

1. Ouvrages consultés : *La Roche-Guyon. Châtelains, Château et Bourg,* par ÉMILE ROUSSE, Paris, 1892. — *Gentilshommes démocrates,* par le marquis DE CASTELLANE, Paris, 1891.

2. Le manuscrit est relié en un volume format in-8, de 197 pages d'une bonne calligraphie. C'est certainement une copie comme celle du château de la Roche-Guyon, que nous a gracieusement communiquée M. Pierre de la Rochefoucauld, duc de la Roche-Guyon : nous avons relevé dans celle-ci quelques variantes et quelques suppressions de peu d'importance.

lombs, des Dampiers, ni des Ansons ; c'est un voyage de cent cinquante lieues que vous allez lire, fait par un jeune homme qui cherche à s'instruire en voyageant. Nous partîmes le jeudi 13 mai 1762, dans deux berlines, à l'abri d'être emportées par le vent, par la même raison fort difficiles à traîner. Ma mère, ma sœur cadette, l'abbé[1] et Mlle Tiberge dans la première voiture ; ma sœur aînée, Mlle Marville, et Grenat et moi dans la seconde. »

La forêt de Fontainebleau est traversée : « Une chaîne de rochers affreux dure depuis Chailly jusqu'à Nemours, c'est-à-dire l'espace de douze lieues ».

On voit au passage le canal de Briare, Montargis, Pouilly, Nevers, Moulins. La famille de la duchesse d'Enville arrive enfin à Lyon et loge au Gouvernement.

Le duc visite la place « que l'on voudrait faire appeler la place de Louis-le-Grand, mais qui conserve et je crois conservera longtemps encore son ancien nom de Bellecour ». Les manufactures, l'archevêché, la cathédrale sont également visités, et le voyageur constate que « la fameuse horloge de Lyon est la plus grande patraque que l'on puisse voir ».

« Il faut aussi, monsieur, que je vous raconte mes succès : je fus harangué par les Échevins. Ils n'étaient point un, comme les ambassadeurs de Vaugirard[2], ils étaient quatre. Un seul porta la parole et me fit un fort beau discours, à la suite duquel arrivèrent à Monsieur le Duc (car c'est en faveur de ce titre que je fus harangué) cinquante bouteilles de vin. »

Les voyageurs partent de Lyon, le 22, et couchent à Nantua chez les Clunistes, qui les reçurent « aussi bien que si c'eût été Monseigneur[3] lui-même ». Le lendemain 23, la montée et la descente du Credo[4] durèrent trois heures, « et nous fûmes pen-

---

1. L'abbé de Lenglade. Nous ignorons si c'est le précepteur pour lequel la relation fut écrite.

2. Voyez pour ce dicton : *Curiosités françaises*, d'Antoine Oudin, Paris, 1640, p. 151.

3. Dominique de la Rochefoucauld, abbé de Cluny en 1757 et archevêque de Rouen.

4. Cette orthographe inexacte, déjà adoptée en 1762, a été conservée sur la carte de l'État-major : le *Grand-Credo* (1,690 mètres). C'est simplement un des nombreux *Créts* si communs dans le Jura : *Crêt de la Neige* (1,724 mètres), *Crêt de la Goutte*, etc. Il faudrait, par conséquent, écrire *Crêt d'Eau*, à moins qu'il faille voir dans ce nom, avec M. Paul Pelet, une altération de *Credoz*, mot qui, dans l'idiome local, signifie les « crêtes ».

dant tout ce temps comme des rats sur une corniche. Du haut du Credo jusqu'à Genève nous vîmes en face de nous deux montagnes des Alpes entièrement couvertes de neige, et qui faisaient le plus bel effet du monde. »

« L'arrivée de Genève est assez belle. On voit d'un côté le lac et une plaine assez considérable, et de l'autre des montagnes affreusement belles. »

Dans son *Exposition abrégée de l'histoire de Genève*, M. de la Rochefoucauld parle également de la vue dont on jouit de cette ville, « un amphithéâtre composé de sept chaînes de montagnes dont la plus éloignée est à vingt lieues. Ces montagnes, lorsqu'elles sont éclairées par le soleil, ressemblent beaucoup à celles de cristal dont parle Sindbad le Marin dans les *Mille et une nuits*. »

Les Genevois, au xviiie siècle, n'étaient pas aussi enthousiastes de ce magnifique horizon. Si nous en croyons M. Henri de Saussure, « au siècle dernier, aux environs de Genève, les maisons de campagne étaient bâties tournant le dos à la vue des Alpes : on préférait le tableau formé par un banal paysage artificiel, orné d'une grenouillère aux formes géométriques, à l'éclatant panorama de nos Alpes et de notre lac [1] ».

Après le *Voyage à Lyon et à Genève* vient le *Voyage des Glacières de Savoie*, suivi de la *Formation de la glace*, en tout 46 pages. C'est la partie du manuscrit que nous publions. Il se termine par un article d'imagination, *Mon Rêve*, et la traduction en français d'un discours académique de M. Tronchin, professeur à Genève.

M. de la Rochefoucauld est-il retourné dans cette vallée des Glacières qu'il visita dans sa vingtième année? Nous l'ignorons. Dans sa correspondance avec les Genevois, il est souvent dit, à l'occasion de ses fréquents voyages à Besançon, « qu'il ira jusqu'à Genève pour y voir ses amis ». Une lettre du 20 février 1778, adressée à G.-L. Le Sage, nous fait savoir qu'il envoie ses neveux à Genève. « Cette ville est le lieu de tous où j'aime le mieux les voir aller. »On peut donc supposer qu'étant retourné à Genève après 1762, il a pu refaire le voyage; peut-être a-t-il accompagné son ami, le minéralogiste Desmarest, lorsque celui-ci visita la vallée de Chamonix en août 1765 [2]; en effet, cette même

1. *Les explorateurs genevois des Alpes*. Discours d'ouverture à la XVe assemblée générale du Club Alpin Suisse, tenue à Genève en 1879.

2. *Journal de physique*, mai 1779, t. Ier, p. 383.

année, Desmarest et La Rochefoucauld firent ensemble le voyage d'Italie.

L'année 1762, pendant laquelle M. de la Rochefoucauld fit son voyage aux Glacières, fut marquée par l'apparition du fameux ouvrage de J.-J. Rousseau, citoyen de Genève : *Émile ou de l'Éducation*[1]. Dans cet ouvrage, au chapitre des Voyages, l'auteur dit : « La noblesse anglaise voyage, la noblesse française ne voyage point. » La sentencieuse affirmation de Jean-Jacques se trouvait contredite à l'instant même par l'expédition de notre jeune duc.

Montagnes et glaciers étaient déjà connus des voyageurs qui, comme Rabelais, Montaigne, Montesquieu, etc.[2], passaient de France en Italie à travers les Alpes, presque sans les voir ; mais ils n'étaient pas attirés par la montagne elle-même, par ses difficultés souvent insurmontables, par ses cimes vierges encore de pas humains ; ils n'auraient pas songé, comme le comte Henri de Tilly, le premier Français qui, en octobre 1834, fit l'ascension du Mont-Blanc, à gravir ces pics et ces montagnes de glace, inaccessibles, comme dit M. de la Rochefoucauld, « à tous autres gens qu'aux Savoyards ». Notre voyageur n'y songeait pas non plus ; cependant, pénétrer au fond d'une haute vallée avec le seul objectif de la visiter et d'en admirer les curiosités naturelles, gravir le Montenvers et traverser la mer de Glace, est déjà de l'alpinisme. Avec cette relation de 1762, la plus ancienne connue, commence l'histoire de l'alpinisme français.

LUCIEN RAULET,

**Membre du Club Alpin Français
(Section de Paris).**

---

1. Amsterdam, 1762, 4 vol. in-12. — Ce livre fut brûlé à Genève le 18 juin de cette même année, pendant le séjour que firent dans cette ville le duc et sa mère, la duchesse d'Enville.

2. Voltaire, ne prévoyant pas les tunnels du Mont-Cenis et du Saint-Gothard, considérait les Alpes comme un « éternel boulevard » dressé pour séparer les peuples, et les montagnes de glace qui limitaient l'horizon des Délices comme la cause de ses rhumatismes.

VOYAGE DES GLACIÈRES DE SAVOIE.

30 JUILLET — 5 AOUT 1762[1]

INTRODUCTION.

C'est pour le coup, mon cher abbé[2], que vous pouvez me compter au nombre des grands voyageurs : je n'ai pas passé les mers, il est vrai, je n'ai pas fait neuf ou dix mille lieues, mais j'ai été dans des montagnes, inconnues il y a trente ans à tout l'Univers, hors à quelques paysans savoyards, aux chamois, aux bouquetins et aux marmottes. Voilà quels étaient, en 1741, les êtres qui les connaissaient. Cette année-là, qui devait être à jamais fameuse par la grande découverte des glacières, M. Windham, jeune Anglais qui avait alors à peu près vingt ans, entreprit ce pénible voyage et mit l'aventure à fin; il fallait être Anglais ou chevalier errant : il était Anglais. C'était bien pis que de combattre les géants ou les dragons ailés, les moutons ou les moulins à vent; il fallait marcher dans des pays affreux par des chemins remplis de pierres qui s'écroulaient des montagnes, traverser des gués, braver des insectes voraces dont les cabarets de Savoie sont remplis : son courage lui fit surmonter tous ces obstacles. Depuis ce temps, tous les Anglais qui viennent à Genève faisaient ce voyage; quelques Genevois l'avaient fait, aucun Français ne l'avait encore tenté : honteux que ces montagnes qui sont si près de ma patrie n'y fussent pas encore connues, tandis qu'elles l'étaient dans des pays beaucoup plus éloignés, comme un

1. Nous placerons entre crochets les notes qui sont de M. de la Rochefoucauld.

2. D'après M. Émile Roussae, cette relation était adressée au précepteur de M. de la Rochefoucauld. (*La Roche-Guyon*, Paris, 1892.)

autre Windham, j'ai dit que je voulais faire ce voyage; je
l'ai fait et j'en suis revenu.

Comme la matière que j'ai à traiter est assez intéressante
par elle-même pour n'avoir pas besoin d'ornement, je
vais quitter la plaisanterie et vous raconter, le plus
simplement qu'il me sera possible, ce que j'ai fait et ce
que j'ai vu. Comme je n'augmenterai point, vous aurez,
j'espère, un fidèle récit de mes aventures et une exacte
description des lieux; à quoi je joindrai quelques dessins
faits par un [1] de mes compagnons de voyage [2].

VOYAGE ET REMARQUES FAITES SUR LES LIEUX.

Je vais donc entrer en matière, monsieur. Nous parti-
mes le 30 juillet 1762 à 4 heures du soir, trois jeunes
Genevois [3] et moi. Ces trois messieurs voulurent bien
faire le voyage avec moi; dont je fus fort aise. Je ne pouvais certainement le faire en meilleure compagnie.

Nous avions fait partir le matin ce que nous avions jugé

1. [M. JALABERT.]

2. Les dessins n'accompagnent pas le manuscrit et n'ont pas été
retrouvés malgré d'actives recherches.

3. [MM. JALABERT, PICTET et CLAPARÈDE.]

Jalabert, le dessinateur de l'expédition, paraît être Jean Jalabert,
conseiller d'État, né en 1740 (il avait donc à cette époque vingt-deux ans),
mort en 1798, le même dont parle Saussure dans son *Voyage des Alpes*,
t. II, p. 286, et qui lui fit le dessin du glacier de la Brenva (pl. III).
Bourrit, dans sa *Nouvelle description des Glacières* (Genève, 1785), dit
que Jalabert revint des Alpes « avec deux vues de ces montagnes,
dessinées avec soin, et qui font regretter qu'il n'ait pas continué à
s'exercer dans ce genre ».

Pictet est, sans doute, Jean-Louis Pictet, l'astronome, né à Genève
en 1739, mort en 1781, un des correspondants genevois du duc de la
Rochefoucauld, le compagnon de voyage et le collaborateur de H.-B.
de Saussure. Il avait alors vingt-trois ans.

Quant à Claparède, c'est peut-être Jean-Louis, fils de Jacques-Claude
de Claparède; son frère aîné, Claude-Philippe, ami intime de Necker,
était né en 1731.

nous devoir être nécessaire sur la route. Nous emportions avec nous un excellent baromètre pour mesurer les hauteurs, deux thermomètres, dont l'un propre à être plongé dans l'eau, et une très bonne boussole d'Angleterre. Je menais deux domestiques, ces messieurs un, et un guide, tous montés d'assez bons chevaux de louage, et bien armés.

Après une heure et dix minutes de marche (ce qui fait un peu plus d'une lieue, les lieues de Savoie étant d'une heure), nous arrivâmes à Estrambières[1], petit village sur les bords de l'Arve (l'Arve est une rivière assez considérable qui sort des Glacières et qui vient se jeter dans le Rhône très peu au-dessous de Genève).

Nous marchâmes une heure vingt minutes pour arriver à Nangis, village très petit et fort misérable qui est situé au milieu d'une vallée assez fertile et où il y a des vignobles dont le vin est assez bon.

A trois quarts de lieue de Nangis est un autre village nommé Contamine, un peu plus grand, mais au moins aussi misérable. Il est dans la même vallée que Nangis, et son terroir est de même nature.

De Contamine à la Bonne Ville, où nous couchâmes, il y a une grande lieue et demie, durant laquelle on côtoie le pied d'une montagne fort haute nommée le Maule.

La Bonne Ville est la capitale du Faucigny; elle est fort petite, mais il y a quelques maisons assez bien bâties, et une place où se tient le marché qui est fort grande. Ce fut là que nous nous aperçûmes que notre baromètre était cassé et que le mercure était tombé; nous en trouvâmes un autre que nous eûmes le bonheur de pouvoir arranger dans le bois où était enfermé le premier. Nous le gardâmes et nous le crûmes en sûreté après l'avoir bien entouré de foin et de papier.

1. *Étrembières.* Nous ne rectifierons pas, en général, l'orthographe des autres noms de localités, facile d'ailleurs à redresser.

Nous couchâmes dans des lits si affreux que nous regret-
tâmes de n'avoir pas couché sur la paille.

Nous en repartîmes le lendemain 31, à 7 heures du matin, et nous fîmes environ trois lieues pour arriver à Cluse
où nous dînâmes.

En sortant de la Bonne Ville on passe l'Arve sur un pont
de pierre qui est fort bon ; on la repasse encore sur un autre pont de pierre pour entrer dans Cluse.

Entre le pont et la porte de cette petite ville est un rocher fort singulier ; il est très haut et fait le talus en sens
contraire, pendant sur la tête des passants.

Cluse est une petite ville fort vilaine, située dans une
gorge fort étroite, entre des montagnes très élevées. Elle
tire son nom de *Clausa* latin et de *Chiusa* italien ; elle est
très bien nommée, car en y arrivant on ne sait comment
on fera pour en sortir sans grimper des montagnes inaccessibles ; aussi passe-t-on dans un défilé fort étroit, où il
n'y a que la place du chemin et de l'Arve qui y est même
fort resserrée. Les couches correspondantes des deux rochers qui bordent ce défilé dénoteraient que cette rivière
s'y est ouvert un chemin.

Ce fut là que nous vîmes le désastre arrivé à notre cher
baromètre dans lequel l'air était entré par le mouvement
du cheval. Le même mouvement avait séparé le mercure
du thermomètre propre à être plongé dans l'eau. Cet accident nous affligea beaucoup, étant trop loin de Genève
pour en envoyer chercher d'autres. Étant dans un pays où
nous ne pouvions en trouver, nous résolûmes de renoncer
aux observations des hauteurs et de nous en tenir à celles
de la température avec l'autre thermomètre qui nous res-
tait et que nous nous disposâmes à sacrifier aux observations dans l'eau, s'il le fallait.

Nous partîmes de Clusé à 4 heures après-midi, lais-
sant en garde au cabaretier les malheureux débris de nos
instruments, pour nous les rendre à notre retour.

A une heure de Cluse est un village nommé Maglant, fort bien bâti quoiqu'en Savoie. Plusieurs habitants de ce village ont racheté les droits qu'ils doivent à leurs seigneurs; ce qui est fort considérable, la plupart des Savoyards étant taillables à miséricorde[1]. Ils sont tous maçons dans ce village.

Il y a aux environs de Maglant de très beaux échos qui répètent plusieurs fois les sons; nous y tirâmes plusieurs coups de pistolet et quelques grenades dont nous avions apporté provisions.

Après avoir fait une seconde lieue nous arrivâmes au Nan d'Arpenas[2]. Il tombe de six ou sept cents pieds de haut[3] et forme une cascade qui, quand elle est bien fournie, doit être très belle; la grande sécheresse fut cause qu'y ayant très peu d'eau nous ne la vîmes pas dans toute sa beauté.

Du Nan à Salenches où nous couchâmes ce jour-là, il y a trois quarts de lieue. Avant que d'y arriver on passe un pont nommé le pont Saint-Martin; il n'a qu'une arche très grande. L'Arve forme précisément dessous le pont une très belle cascade accompagnée d'un bouillonnement fort considérable causé par les rochers qui se trouvent en cet endroit.

Un juge mage[4], qui faisait sa tournée, occupait deux chambres passables dans l'unique cabaret qui fût à Salenches; nous fûmes réduits à une petite chambre très vilaine,

1. Par cette observation du jeune duc, on pressent déjà le « gentilhomme démocrate », comme l'appelle M. de Castellane. Ce ne fut qu'en 1786 que les serfs du prieuré de Chamonix, avec le bien-être résultant des voyageurs qui visitaient la vallée, furent en mesure de profiter d'un édit récent de Victor-Amédée III et se rachetèrent, argent comptant, de tant de redevances féodales. (CH. DURIER, *Le Mont-Blanc*.)

2. [Nan est un ancien mot celte qui s'est conservé dans ce pays; il signifie petit torrent.]

3. La cascade du Nant d'Arpenas a 260 mètres de hauteur.

4. *Judex major*, juge mayeur, lieutenant du bailli ou du sénéchal dans certaines provinces.

aux lits de laquelle nous fûmes trois qui préférâmes de la paille dont on remplit des toiles à paillasse que nous avions apportées ainsi que des draps, chose fort nécessaire.

Après avoir soupé, nous nous couchâmes ; un de ces messieurs eut l'audace de coucher dans un lit. L'envie de dormir nous empêcha de sentir les attaques des différents insectes qui par le droit du premier occupant habitaient la chambre [1]. Nous dormîmes un peu.

Le 1er août, à 7 heures du matin, nous quittâmes Salenches, et après avoir repassé le pont Saint-Martin nous prîmes un guide pour éviter des marais où nous aurions couru risque de nous embourber. Après avoir fait trois grandes lieues et demie, nous arrivâmes à Servoz, lieu de la dînée.

Entre Salenches et Servoz, on trouve à peu près à moitié chemin une montagne nommée Planagé à laquelle il arriva il y a quelque temps une chose assez singulière. Pendant environ cinq ans, il s'en détachait souvent des morceaux. Elle est d'une pierre que l'on appelle, dans le pays, pierre de Luze ou molasse fusée. Enfin il y a environ deux ans [2], de nuit et par un fort beau temps, il s'en écroula une très grande partie avec beaucoup de bruit et dans sa chute elle jeta de la poussière jusqu'à deux lieues. Le fait est certain ; pour les circonstances, nous les tenons

---

1. « La seule auberge qu'il y ait à Sallenche », dit M. de la R[oque] en 1776, « est attenant les murs du couvent des Capucins ; les chambres et les lits sont d'une malpropreté à faire passer la plus violente envie de dormir. » (*Voyage d'un amateur des arts*, Amsterdam, 1783.)

Dans son voyage de 1778, Saussure dit : « Nous fûmes prêts de fort bon matin : on quitte sans regrets les lits de Sallenche ».

2. Le voyageur a dû écrire dix ans et non deux ans, car l'éboulement eut lieu en 1751, avec un fracas si épouvantable et une poussière si épaisse et si obscure que l'on crut à la fin du monde. On fit connaître à Turin qu'un volcan terrible avait éclaté, et le roi envoya le célèbre naturaliste Vitiliano Donati, qui rendit compte de l'événement dans une lettre datée du 15 octobre 1751. (*Voyages dans les Alpes*, par H.-B. DE SAUSSURE, t. Ier, p. 414.) La montagne s'appelle aujourd'hui les rochers des Fiz. La Pointe d'Ayen reste seule debout.

des gens du pays. Beaucoup de personnes crurent dans ce temps-là que c'était un volcan qui s'y ouvrait, mais l'on en est maintenant désabusé.

Une demi-lieue avant Servoz est un Nan appelé le Nan des Bois, qui tombe d'aussi haut que le Nan d'Arpenas, mais dont la cascade se sépare en deux vers son milieu. Il faut le traverser et le passage en est assez difficile, même en temps sec, et dans les temps de pluie ou dans le temps de la fonte des neiges il doit être fort dangereux, parce qu'alors son lit devient fort large et qu'il est malaisé de retrouver le chemin, qui n'est pas tracé dans cet endroit-là.

En tout, le chemin de Salenches à Servoz est très mauvais : il faut toujours monter et descendre au milieu des pierres.

Nous dînâmes à Servoz dans un grenier. Une langue fourrée que nous avions apportée, et une omelette que nous fîmes faire, composèrent ce dîner, n'y ayant rien de plus dans le cabaret.

Près de Servoz, de l'autre côté de l'Arve, il y avait autrefois un lac sur les bords duquel était une ville nommée Saint-Denis (et non point Saint-Pierre comme l'ont dit Windham et d'autres voyageurs)[1].

Dans cette ville ou tout auprès, était un château nommé Saint-Michel. Un beau matin le lac s'écroula dans l'Arve et

1. « A Passy, suivant la tradition, il existait une ville ou bourgade dans la plaine de Chède, village dépendant de la commune de Passy. On prétend qu'elle s'appelait *Dionisia* et qu'elle fut enfouie et recouverte par une inondation du lac de Servoz, qui rompit tout à coup les terrains qui le retenaient sur le lieu appelé le Pertui ; son dégorgement avait lieu dans le hameau du Chatellard aux Greppons ; l'on observe encore les canaux taillés dans le roc vif, servant à conduire l'eau qui faisait mouvoir les artifices de cette ville.

« Il y a peu d'années que les érosions de l'Arve découvrirent le sommet d'une cheminée qui devait appartenir à une des maisons dépendant de la ville de *Dionisia* ou *Diouza*.

« Les habitants de Dionisia après la catastrophe auraient fondé la bourgade de Sallanche. » (*Dictionnaire hist., litt. et statist. des départements du Mont-Blanc et du Léman*, par GRILLET, Chambéry, 1807.)

emporta la ville avec lui : l'on voit encore les ruines du château. Il y a cent et quelques années de cet événement. Nous avions été chargés de nous informer de ce fait. Voilà ce que les gens du pays nous en ont dit; vous pouvez en juger et je ne l'assurerai pas.

En sortant de Servoz on côtoie une montagne nommée Promenas[1] où les gens du pays disent qu'il y a des mines d'argent et d'antimoine. Je n'en ai pu avoir de minerais; mais j'en rapporte de plomb et de soufre qui se trouvent à Promenas et aux Chenets, montagne voisine.

Nous partîmes de Servoz à 3 heures. Après avoir fait une bonne demi-lieue, nous arrivâmes au pont Pelissier; c'est un pont de bois sur lequel nous traversons l'Arve. Tout à côté est une montagne où il y a une mine qui a été exploitée autrefois, et qui est maintenant abandonnée; nous ne fûmes la voir qu'en revenant, mais je vais toujours vous en parler à présent. On ne peut pas y descendre parce que l'eau l'a remplie; mais dessus et autour nous trouvâmes des minerais de cuivre, de plomb, de soufre et peut-être d'argent dans le plomb. Sur quelques-uns de ces minerais il y a un peu de cristal qui commence à croître. Je rapporte tout ce que j'ai pu trouver de plus riche et de plus beau.

Au sortir du pont Pelissier est un chemin d'environ trois quarts de lieue de long, qu'on nomme les Montées, passage fort difficile. C'est un escalier composé de gros morceaux de rochers arrangés par les mains de la nature, et point du tout symétriquement; la plupart sont fort glissants, et en quelques endroits le chemin qui, dans toute la longueur, est bordé d'un précipice assez profond, au bas duquel est l'Arve, devient très étroit. Nous fûmes obligés de faire le chemin à pied et, après avoir mis la bride sur le col de nos chevaux, nous les laissâmes aller comme ils

1. *Pormenaz.*

purent, ayant eu soin de faire marcher à leur tête un homme pour les arrêter ou les conduire en cas de besoin, tandis que nos gens à la queue avaient soin des traîneurs. Comme heureusement ces animaux étaient montagnards, ils s'en tirèrent fort bien.

Après avoir grimpé les Montées, nous nous trouvâmes dans la vallée de Chamouny, vallée qui nous parut la Terre promise, tant nous souhaitions d'y arriver. Ce fut alors que nous vîmes d'un peu plus près les Glacières que nous avions déjà aperçues de Salenches et de Servoz. Nous vîmes le 1er d'août la glace qui descendait jusqu'au fond de la vallée, tandis que le soleil nous rôtissait les épaules.

Au haut des Montées nous reprîmes nos chevaux; et, après avoir fait deux mortelles lieues, par un chemin dont le fond est de roc inégal et en traversant à gué plusieurs Nans qui descendent des Glacières, nous arrivâmes à Chamouny. L'honnête prieur de ce lieu nous engagea à aller loger chez lui, ce que nous acceptâmes avec grande joie, espérant y être mieux qu'au cabaret[1]; il nous reçut fort bien et nous donna trois chambres dans chacune desquelles était une paillasse sur un bois de lit.

Nous reçûmes à notre arrivée la visite d'une partie des paysans de Chamouny qui briguèrent l'honneur de nous conduire le lendemain pour voir la glace; nous en choisîmes six à qui nous donnâmes l'ordre, et nous fixâmes le départ à 4 heures du matin. Nous soupâmes de bonne heure avec

---

1. Saussure a dit également que lors de sa première visite dans la vallée, en 1760, il ne trouva aucun hôtel passable. La question du premier hôtel à Chamonix a été traitée avec de grands développements par notre collègue M. Coolidge dans son ouvrage : *Swiss Travel and Swiss Guide Books*, Londres, 1889, et par M. Ch. Durier dans un article bibliographique sur ce même ouvrage. (*Bulletin du C. A. F.,* 1890, p. 43.) S'il nous était permis de donner notre avis, nous pensons que Mme Couteran, la veuve du notaire de Chamonix, avant d'établir une véritable auberge ou un hôtel, a commencé par louer des chambres aux voyageurs qui ne voulaient pas coucher au cabaret, alors peu confortable, ou qui n'avaient pas trouvé asile au prieuré.

M. le curé et M. son vicaire, qui nous parurent bonnes gens. Après le souper, nous observâmes le seul thermomètre qui nous restât; il était à 9 heures du soir à 13 degrés au-dessus de la congélation. L'observation faite, nous nous couchâmes et dormîmes fort bien.

Nous nous fîmes réveiller le 2, à 3 heures et demie, le thermomètre étant à 10 degrés. Nous nous préparâmes aussitôt à partir, mais nos guides nous firent attendre si longtemps que nous ne pûmes partir qu'à 4 heures trois quarts. Nous nous mîmes en marche et voici comment : tous à pied, armés de longs bâtons au bout desquels était une pointe de fer pour pouvoir s'appuyer en sûreté, et afin qu'ils ne glissassent point. Quatre de nos guides portaient des hottes dans lesquelles étaient nos provisions; deux restèrent libres pour aider ceux qui auraient de la peine à marcher dans la montagne que nous avions à monter ou plutôt à grimper.

Après un quart d'heure d'une marche assez leste, nous arrivâmes au pied de la fameuse montagne dont le haut s'appelle Mont-Tanvert et en langage savoyard Mont-Tain-vert [1]. Alors nous commençâmes à monter par un chemin assez rapide et pierreux, mais que nos guides nous assurèrent être un chemin à carrosses, en comparaison de ceux que nous aurions. Presque au pied de la montagne nous nous

1. Cette forme dite savoyarde de *Mont-Tainvert* (pour *Mont-Invers*) peut paraître étrange; elle n'est qu'archaïque, met sur la voie de l'étymologie et confirme l'orthographe de *Montenvers*, proposée par M. Ch. Durier comme étant plus correcte. Un lettré, le vicaire de Chamonix, Jond, dans une lettre adressée à Hennin, le 21 novembre 1772, à propos du jalonnement de la Mer de Glace (*Annuaire du C. A. F.*, 1891, p. 621), écrit *Mont-Envers*.

Dans les vallées vaudoises, on emploie les mots *Envers*, *Enverseil*, *Inverso*, pour indiquer le versant incliné vers le Nord, en opposition avec les mots *Endret*, *Adret*, *Indret*, qui servent à indiquer le versant incliné vers le Sud. (A. DE ROCHAS, *Topographie des vallées Vaudoises*.) Les mots *Envers* et *Endroit* s'emploient dans le Jura avec le même sens. *Envers*, anciennement *Invers*, vient du latin *inversus*, et *Montenvers*

séparâmes en deux bandes ; deux de nos compagnons plus forts et plus agiles prirent les devants et montèrent la montagne en trois heures. Ils prirent avec eux un guide ; le troisième Genevois et moi, accompagnés de nos trois domestiques et de cinq guides, nous marchâmes plus lentement et nous eûmes moins de fatigue.

Après avoir monté une demi-lieue, nous arrivâmes à un *chalais* [1] assez grand où nous trouvâmes du beurre qui nous servit pour déjeuner. Nous recommençâmes à monter par un chemin assez difficile, et pendant lequel, pour éviter les chutes que les pierres, dont est composé le chemin, auraient pu rendre dangereuses, je fus obligé de prendre à la main un bout de ma redingote qu'un des paysans tenait sur son épaule.

Au quart de la montagne nous trouvâmes une source fort limpide qui nous excita à boire de son eau, que nous mêlâmes avec de l'eau cordiale que nous avions apportée. Après nous être un peu reposés, nous regrimpâmes, le chemin devenant de plus en plus mauvais à mesure que nous montions. A moitié chemin nous fîmes rencontre d'une autre source [2] au moins aussi claire que la première : nouvelle invitation à boire. Nous y succombâmes, mêlant cependant toujours de l'eau cordiale pour éviter le mal que nous aurait pu faire l'eau pure. Nous nous remîmes en marche, et le chemin était si mauvais que je fus obligé de me faire soutenir par un et quelquefois par deux paysans,

signifie montagne non tournée du côté du soleil ; *Endret*, anciennement *Indret*, aujourd'hui *Endroit*, est l'opposé d'*Envers*, et signifie, dans ce cas, tourné du côté du soleil.

Bourrit donne cette étymologie fantaisiste : le *Montant-Vert*, « parce que la verdure fait un beau contraste avec les horreurs de la vallée de glace ».

1. [*Chalais* est un terme du pays qui signifie une baraque plus ou moins grande où couchent les bergers pendant l'été, temps où les troupeaux sont sur les montagnes et couchent à l'air.]

2. C'est la fontaine Caillet.

qui heureusement, étant montagnards, avaient les pieds fort sûrs.

Vers les trois quarts de la montagne est un pas dangereux ; il faut faire une trentaine de tours à travers des pierres fort grosses et roulantes. Au haut de cette pente est un rocher dont il tombe très souvent des morceaux ; le bruit seul, à ce que nous dirent les paysans, suffit pour en détacher ; ils nous y firent passer en silence[1]. Enfin, après avoir descendu un peu par une pente extrêmement roide, nous remontâmes de nouveau pour arriver à un chalais qui est environ aux 7/8 du Mont-Tanvert. Il était alors 9 heures et demie.

En arrivant à ce chalais, nous sentîmes un vent assez froid qui nous obligea de reprendre nos redingotes que nous avions quittées pour marcher plus légèrement, étant en veste. Aussitôt nous tirâmes une grenade, signal qui était convenu avec ceux des nôtres qui avaient pris les devants ; ils nous répondirent tout de suite, et nous nous mîmes en marche pour les aller joindre sur le glacier[2] où ils étaient.

Après avoir marché un quart d'heure par une descente, partie douce et partie roide, nous arrivâmes à la Pierre aux Anglais où nous les trouvâmes. La Pierre aux Anglais est une pierre qui a quinze ou seize pieds de long sur cinq ou six de large ; elle est située sur la pente de la montagne, quelques toises au-dessus de la glace ; elle est consacrée pour dîner le jour qu'on monte le Mont-Tanvert et tire son nom des Anglais qui sont les premiers qui s'en soient servis pour cet usage[3]. On peut se mettre dessus ou dessous, car

---

1. En 1796, Lalande est encore obligé d'aller à pied pour finir l'ascension du Montenvers, et ce n'est qu'en 1802 que la course à la Mer de Glace put se faire sans descendre de cheval.

2. [Glacier signifie petite vallée de glace qui découle d'une autre plus grande.]

3. D'après Alphonse Favre, « cette pierre est appelée à tort Pierre aux Anglais, car ce furent les Genevois qui lui valurent sa modeste célébrité ». (*Recherches géologiques*, t. III, p. 545.)

le dessous forme une caverne qui a les mêmes dimensions, et où l'on serait assez commodément.

Nos compagnons nous montrèrent les observations qu'ils avaient faites. Le thermomètre à 9 heures du matin posé sur la glace était à 6 degrés au-dessus de la congélation, et trempé dans l'eau d'une fente (elles sont communes) il ne descendit que d'un demi-degré et fut à 5 1/2. Nous voulions renouveler les observations à midi, mais le thermomètre s'était malheureusement cassé aussitôt après celle-là.

Nous descendîmes sur la glace, sur laquelle il est assez difficile de marcher parce qu'elle n'est pas unie, et que même il y a d'assez grandes hauteurs. On y trouve plusieurs fentes extrêmement profondes, plus ou moins larges, quelques-unes même le sont beaucoup. La direction de ces fentes est presque de traverser diagonalement le glacier; elles sont pleines de l'eau de la glace que le soleil fait fondre et qui regèle toutes les nuits, hors dans les chaleurs les plus excessives. Comme il faisait un grand soleil, nous eûmes assez chaud pour être obligés de déboutonner nos redingotes afin de nous donner de l'air. Après y être restés assez longtemps et n'y avoir eu qu'un peu froid aux pieds, nous retournâmes dîner sur la Pierre aux Anglais où nous eûmes très chaud. L'eau que nous tirions des fentes de la glace s'échauffait dans le petit trajet qu'il fallait faire pour nous l'apporter. Après avoir mangé un jambon que nous avions apporté de Genève et bu du vin, du lait et de la crème, nous nous reposâmes un peu et nous nous remîmes en marche pour le chalais. Vous avez ci-joint une vue du glacier prise sur la Pierre aux Anglais. Il ressemble à un bras de mer qui, dans le moment d'une forte grande agitation, se serait congelé. D'un bout il va, par une pente assez roide, se rendre dans la vallée de Chamouny, et de l'autre va joindre un autre glacier qui descend entre le Mont-Blanc et l'Aiguille du Midi aussi dans la vallée de Chamouny. Ces deux-là réunis descendent d'une vallée immense de glace que les paysans nous ont dit être parallèle à la vallée. Nous ne pûmes pas la voir, parce qu'il aurait fallu monter sur des montagnes inaccessibles à tous autres gens qu'aux Savoyards. Suivant ce qu'ils disent, cette grande vallée est unie comme la glace d'un miroir, longue à peu près de cinq lieues et large au moins d'une, sans aucune fente; mais plusieurs autres personnes prétendent qu'il y a de grandes fentes qui la divisent en compartiments à peu près carrés. Elle va se rendre dans le val d'Aoste qui est vis-à-vis, par plusieurs glaciers semblables à ceux qu'on voit dans la vallée de Chamouny. Ce qui est certain, c'est qu'il y a environ quarante ans il y avait une communication établie entre Cormayeul [1], petit village du val d'Aoste, et Chamouny. Voici à peu près le chemin qu'ils tenaient. Ils montaient le Mont Logan [2] qui est de l'autre côté du glacier des Bois (c'est le glacier sur lequel nous fûmes), ils passaient derrière l'Aiguille du Dru, montagne placée exactement vis-à-vis le Mont-Tanvert, trouvaient là, derrière, la grande vallée de glace qu'ils traversaient, et descendaient dans le val d'Aoste aux environs de Cormayeul par un glacier semblable à celui que nous vîmes ou bien par quelque montagne voisine. Le chemin était à peu près de six à sept heures. Un frère d'un de nos guides est le dernier qui ait fait ce chemin. Un changement arrivé subitement dans la vallée, qui y est fort sujette, lui rendit le retour impraticable par cette route. Il fut obligé de revenir par le Mont Saint-Bernard et le Valais, ce qui fait un tour considérable [3].

1. *Cormayeur*.
2. Le *Mont Lognan*.
3. M. de la Rochefoucauld relate cette tradition d'un passage direct et facile entre Chamonix et Cormayeur. Bordier, en 1772, trouva à Sallanches « un capucin, homme d'esprit, qui prétendait avoir traversé sur la glace, de la cité d'Aoste à Chamouni, dans quatorze heures de marche. » (*Voyage pittoresque aux glacières de Savoye fait en* 1772, par M. B., Genève, 1773, p. 290.) Une carte de Sanson publiée chez Jaillot

Il y a cinq glaciers semblables à celui des Bois qui descendent de cette grande vallée dans celle de Chamouny. De ces glaciers sortent des Nans et des ruisseaux qui viennent se jeter dans l'Arve. Les gens du pays prétendent que la grande Glacière et les glaciers qui en découlent augmentent pendant sept ans et diminuent ensuite pendant le même temps, ce que je ne crois point ; mais ce qu'il y a de certain c'est qu'il arrive très souvent de grands changements, soit par les fentes comme il y en a dans les glaciers, soit par la fonte des neiges qui découlent des montagnes dont sont dominées les Glacières.

Vous avez ci-joint un plan de la grande vallée de glace et de ses dépendances, copié d'après Martel et corrigé suivant ce que nous en ont dit les gens du pays [1]. Vous voyez que je veux démentir le proverbe : que tout voyageur est menteur. Je suis voyageur, j'ai été dans des régions inconnues à la France ; je parle à un Français et je ne mens point. Voilà ce que je puis vous dire de la grande vallée de glace. Revenons au glacier des Bois, qui est celui où nous fûmes.

Ce glacier, qui d'un bout va se rendre à la grande Glacière, et de l'autre descend dans la vallée de Chamouny, est bordé de trois hautes montagnes. Le côté où nous fûmes est bordé par le Mont-Tanvert, les Charmaux qui sont placés sur le Mont-Tanvert, et les Échaux qui sont à côté. De l'autre côté est le Mont Logan sur lequel s'appuient

en 1675 : *Les montagnes des Alpes, où sont remarqués les passages de France en Italie*, indique un chemin allant de « Chamonys à Cormayeur passant par le Col major ». Voir Windham, Bourrit, Ch. Durier, Coolidge, Vaccarone (pour le versant italien), etc.

1. Ce plan rectifié n'a pas été retrouvé ; il eût été intéressant de le comparer à celui que Martel avait joint au récit des deux excursions de 1741 et 1742 : *An account of the Glacieres or Ice Alps* (1744). L'ouvrage ne se trouvant pas à la Bibliothèque nationale, nous indiquerons une reproduction du plan ou plutôt de la carte de Martel dans l'atlas qui accompagne les *Recherches géologiques* d'ALPHONSE FAVRE (pl. XXIX).

le Nan Blanc, ainsi nommé à cause d'un nan très blanc qui
y coule, l'Aiguille du Dru, le Tacu et le Talèfre. Toutes ces
hautes montagnes qui s'appuient sur de moins hautes sont
pour ainsi dire des squelettes de montagnes; il n'y reste
que le roc nu qui paraît avoir dû être couvert de terre
comme les montagnes ordinaires, terre que les pluies et
les neiges en se fondant ont emportée.

Nous quittâmes la Pierre aux Anglais à midi et nous arrivâmes au chalais à midi un quart. Nous en repartîmes à
1 heure, très légèrement vêtus à cause de la chaleur ex-
cessive qu'il faisait. Le soleil, qui donnait à plomb sur le
penchant de la montagne, avait excessivement échauffé les
endroits que les sapins dont elle est à moitié couverte lais-
saient en proie à ses rayons. Nous désirions ardemment la
source qui est au milieu de la montagne; la soif nous pres-
sait, et la fatigue, jointe à la chaleur, nous obligeait de nous
arrêter à chaque ombrage que nous trouvions et de nous
étendre un moment par terre, cherchant à nous rafraîchir,
et le cherchant inutilement. Ce fut ici que les bâtons ferrés
nous servirent beaucoup. On les enfonce dans les endroits
où le roc est couvert d'un peu de terre, toujours du côté le
plus haut et, s'appuyant fortement dessus, on se laisse
glisser. La descente est beaucoup plus rude que la montée,
parce qu'en descendant tous les muscles, étant fortement
tendus, se fatiguent beaucoup plus vite qu'en montant où
ils sont pliés. Enfin, après deux heures et demie de marche
et de repos fréquents mais courts, nous arrivâmes à la
source chérie; mais, hélas! elle était presque tarie, et pour
avoir un verre d'eau il fallait un temps assez considérable.
Comme, un moment après, elle devint un peu plus abon-
dante, nous bûmes de son eau à longs traits, d'abord avec
un peu d'eau cordiale et ensuite l'eau pure. Nous y prîmes
un peu de repos, et nous marchâmes ensuite vers l'autre
source que nous trouvâmes après une heure de marche.
Nouvelle chaleur, nouvelle soif, nouveau plaisir à boire;

nous le goûtâmes tout à notre aise, couchés à l'ombre des sapins.

Nous nous remîmes en route quelque temps après pour arriver au chalais où nous avions déjeuné ; nous y bûmes du lait et nous y reposâmes jusqu'au coucher du soleil. Jusque-là le chemin était si affreux, que je marchai toujours aidé d'un ou de deux paysans. Il nous fallut encore trois quarts d'heure pour arriver à Chamouny ; en y arrivant nous mangeâmes des fraises, nous changeâmes de tout, nous soupâmes et nous nous couchâmes, le tout fort vite. Nous dormîmes neuf heures ; il y eut un de mes compagnons de voyage à qui beaucoup de lait qu'il avait bu et six assiettées de fraises, qu'il mangea tout de suite, donnèrent une violente colique, qui l'empêcha de dormir.

Suivant notre calcul, nous fîmes ce jour-là cinq lieues de Savoie, qui en valent bien huit de France.

Le lendemain 3, à 7 heures du matin, la pluie qu'il avait fait toute la nuit ayant cessé, nous partîmes pour aller voir la source de l'Arbairon. Nous commençâmes par bien déjeuner avec des œufs frais et du beurre, ce qui composait tous les jours notre déjeuner. Celui de ces messieurs qui avait eu la colique trouva le moyen de s'en guérir en mangeant deux fois plus qu'à son ordinaire.

Après une heure de marche, nous arrivâmes dans un bois où nous laissâmes nos chevaux ; en un quart d'heure nous montâmes sur une hauteur très proche de la source et d'où nous la voyons à merveille. Un demi-quart d'heure avant que d'y arriver, nous entendîmes un bruit semblable au plus fort tonnerre. C'était une très grosse *avalenche* [1]

---

1. [Avalenche vient d'*aval*, mot gaulois qui signifie descente ou chute. On appelle avalenches des morceaux de glace ou pelotes de neige qui, se détachant des montagnes ou des glaciers, tombent avec beaucoup de fracas ; il serait très dangereux de se trouver dans leur chemin ; il y en a quelquefois d'immenses.] Il est inutile d'insister sur ce qu'a de fantaisiste l'étymologie donnée ici par M. de la Rochefoucauld.

de glace qui tombait : nous en vîmes tomber devant nous quelques petites.

L'Arbairon est un ruisseau assez considérable qui sort du glacier des Bois et qui, après un cours de trois quarts de lieue, se jette dans l'Arve. Il sort de dessous le glacier par une arche très haute et très vaste qui cette année avait la forme d'une gueule de dauphin et dont toute la glace était fendue. Cette arche prend tous les ans une nouvelle forme. Elle est d'une glace verdâtre qui fait l'effet du prisme, frappée des rayons du soleil[1]. Vous en avez ici une vue. Nous y restâmes une heure que nous employâmes à tirer des grenades sous la voûte et dans les fentes de la glace ; ce qui produisait quelquefois de très beaux échos[2]. Après ce temps nous rejoignîmes nos chevaux et revînmes à Chamouny.

Nous achetâmes à Chamouny des cristaux et des marcassites. Je rapporte deux belles matrices de cristal, un morceau de cristal noir et plusieurs morceaux de cristal blanc[3].

1. En 1742, l'Arveyron, d'après Martel, sortait du glacier « par deux voûtes toutes de glace, d'un goût semblable à celui des grottes de cristal que la fable a imaginées pour loger les fées ». Ce serait une curieuse énumération que de rappeler, après Martel et La Rochefoucauld, les multiples comparaisons inspirées par la voûte de glace, source de l'Arveyron. Grottes de cristal, brillants portiques, coupoles hardies et éblouissantes de lumière, frontispice de temple, portail gothique, colonnes de diamants, palais magique, péristyle incrusté de pierres précieuses, etc., etc., défileraient tour à tour, sans oublier « l'admiration silencieuse et extatique ». « Comme ces grottes changent continuellement de forme, dit Besson, dans l'Introduction aux *Tableaux pittoresques*, on ne craint point de passer pour menteur ; on en est quitte pour dire : Elle était ainsi lorsque je l'ai vue. »

2. Cet appel aux échos n'était pas sans danger, si nous nous en rapportons à l'auteur du *Voyage épisodique et pittoresque aux glaciers des Alpes*, 1807, F. Vernes, de Genève, qui nous raconte le sort éprouvé par deux voyageurs, Marris père et fils : « Le retentissement d'un coup de pistolet qu'ils lâchèrent sous la voûte immense de l'Arveron la fit crouler sur leur tête : le fils tomba et périt comme frappé de cent tonnerres ; le père, plus malheureux, lui survit et tombe lui-même les jambes fracassées sous les débris des glaces ».

3. Notre voyageur s'intéresse principalement aux minéraux, et c'est

Il se trouve dans ces rochers nus dont je vous ai parlé ci-dessus ; il est attaché au rocher et croît dans des creux. Les paysans savent où ils en trouveront par un certain son aigu que les coups de marteau font rendre aux rochers qui en contiennent. Les marquisettes ou pierres de santé sont des marcassites qu'on trouve sur le Mont Logan au pied de l'Aiguille du Dru ; elles se taillent et se brillantent, comme vous le pouvez voir par celles que j'apporte. Les paysans nous ont dit qu'il y en avait des mines qu'on ne fouille pas, en trouvant suffisamment sur la surface de la terre ; ils disent encore que partout où l'on trouve du cristal on trouve aussi d'autres mines de toute espèce.

Il faut à présent vous parler un peu de la vallée de Chamouny dont vous avez ici une vue. Elle est environ longue de six lieues et large tout au plus d'une demie ; elle va toujours en pente des deux côtés jusqu'à l'Arve, qui la sépare en deux parties à peu près égales ; elle a la forme d'un quarré long, et ses deux petits côtés s'échappent l'un dans la vallée de Servoz par les Montées et l'autre dans le Val-Orsine par un passage aussi fort dangereux. Elle est aussi bien cultivée qu'elle peut l'être, étant couverte de neige quatre mois de l'année.

Il y a deux paroisses, outre celle de Chamouny ; les habitants de celle-ci, pour la plupart, sont à leur aise pour des Savoyards. Il y en a presque toujours un tiers à Paris, d'où ils rapportent du bien. Ils en rapportent aussi le jeu. Nous fûmes on ne peut pas plus étonnés en apprenant, le lendemain de notre arrivée, que le domestique d'un de mes compagnons de voyage avait passé une partie de la nuit à jouer au breland avec plusieurs paysans de Chamouny. Ils

comme minéralogiste que M. de la Rochefoucauld fut reçu à l'Académie des sciences en 1782. Il s'occupa surtout de la formation du salpêtre dans la craie (*Mémoires des savants étrangers*, t. XI, 1786), et on lui doit les premières salpêtrières artificielles. (Voir le rapport de Lavoisier dans ces mêmes *Mémoires* de 1786.)

sont bonnes gens, mais rusés. Ma qualité de Français et de premier Français qui eût voyagé dans ce pays fut cause qu'ils me reçurent très bien ; plusieurs me connaissaient, et entre autres j'en trouvai un qui avait frotté un mois au logis [1].

Voilà à peu près ce que j'ai à vous dire de Chamouny. La vallée court du Nord-Est au Sud-Ouest, ainsi que l'Arve qui suit la même direction que la vallée.

Voici les différentes expositions des montagnes par rapport au Prieuré où nous logions : le Mont-Blanc, la plus haute montagne de l'ancien monde, dont on ne voit pas la pointe parce qu'on en est trop près, est au Sud-Sud-Ouest, l'Aiguille du Midi au Sud-Sud quart à l'Est, l'Aiguille du Dru à l'Est quart à Sud ; le bas du glacier des Bois, d'où sort l'Arbairon, est à l'Est-Nord-Est, la Brévanne [2] à l'Ouest-Ncrd-Ouest.

La Brévanne est la pointe la plus élevée d'une montagne qui borde la vallée.

La déclinaison de la boussole est cette année entre 15 et 16 degrés. Les observations sont marquées sous la correction de la déclinaison.

L'Arve, dont je vous ai tant parlé, a une propriété singulière : quelque chaud qu'il fasse, il fait toujours froid sur ses bords, même assez loin de sa source. Elle augmente tous les jours et diminue toutes les nuits. Les pluies qu'il fit pendant que nous fûmes à Chamouny nous la firent trouver fort augmentée à notre retour.

Nous partîmes le 4 à 5 heures du matin, et nous revînmes coucher à Salenches dans notre même chambre, ayant à notre porte une compagnie de cent mulets. Nous arrivâmes le lendemain 5 à Genève.

---

1. Bordier, en 1772, vit également à Chamonix un vieillard qui avait vécu quarante ans à Paris, confirmant ainsi l'opinion émise par M. Ch. Durier : « Le monde ne s'était pas occupé des habitants de la vallée de Chamonix; mais eux n'étaient point restés étrangers au monde. »

2. Le *Brévent.*

Nous eûmes un très beau temps pendant tout notre voyage, surtout au retour. La pluie nous suivit presque toute la route et ne nous atteignait que quand nous étions à couvert. Nous fûmes peut-être mouillés un quart d'heure durant un voyage de six jours et demi.

Une autre chose fort extraordinaire, c'est qu'il n'arriva aucun malheur, ni aux hommes, ni aux chevaux, dans les chemins affreux par où nous passâmes. Au retour, un de mes gens fit remettre deux clous au fer de son cheval, ce qui ne nous arrêta pas un seul instant. Je conseille pourtant à ceux qui voudront faire ce voyage de se munir, comme nous avions fait, de fers et de tous les outils nécessaires pour ferrer les chevaux.

Quoique nous n'ayons fait aucune mauvaise rencontre, et que même l'on n'entende parler sur cette route que de contrebandiers polis pour tout le monde, hors pour les employés, je crois qu'on fait bien de porter des pistolets, ne fût-ce que pour les échos. Il est agréable aussi de porter des grenades.

Ceux qui voudront faire des observations, pour qu'il ne leur arrive pas les mêmes malheurs qu'à nous, doivent porter plusieurs gros tubes de Torricelli et quelques fioles de mercure, afin que, s'il s'en casse, ils en aient toujours de reste. Une autre chose fort utile, ce serait un graphomètre pour mesurer les hauteurs des montagnes et comparer ces observations avec celles du mercure.

Les gourmands, ou bien ceux à qui le régime des œufs et du laitage ne conviendront pas, feront bien d'apporter des viandes salées. Il faut aussi avoir avec soi une toile à paillasse et des draps, ou bien coucher dans des lits auxquels le bivouac est préférable.

Voilà, mon cher abbé, un récit exact et fidèle. Après le plaisir d'aller aux Glacières, je ne pouvais en avoir de plus grand que de vous raconter nos aventures. Adieu : aimez toujours le voyageur.

Martel, ingénieur genevois, suivant des observations faites avec le mercure, place l'endroit du glacier des Bois au-dessous du Mont-Tanvert à 700 toises[1] au-dessus du niveau du lac. Le lac, par observation plus sûre, est élevé de 183 toises au-dessus du niveau de la mer; ainsi le glacier des Bois ne serait élevé que de 883 toises au-dessus du niveau de la mer.

Voici une observation faite par MM. de Luc[2], dont l'aîné va faire paraître un excellent ouvrage sur la manière de prendre des hauteurs avec le baromètre[3] :

« J'ai fait les observations suivantes au mois d'août 1754[4]. Un baromètre semblable au mien, observé à Genève pendant le même temps, fut constamment à 27 pouces 1 ligne 1/2; il était élevé de 5 toises au-dessus du niveau du lac.

« A la Bonneville.	26	pouces	10	lignes	1/2
« A Cluse.	26	—	9	—	1/2
« A Salenches	26	—	6	—	5/6
« A Montcoir [5], village dans la vallée de Chamouny. . . .	25	—	3	—	1/2

1. La toise de France vaut 1^m,949.

2. Jean-André Deluc (1727-1817) et son frère Guillaume-Antoine (1729-1812).

3. Le 30 juillet 1762, le jour même où M. de la Rochefoucauld quittait Genève pour faire le voyage des Glacières, La Condamine et Lalande présentaient un rapport à l'Académie royale des sciences de Paris sur un ouvrage intitulé : *Recherches sur les condensations de l'atmosphère et sur la manière de mesurer par le baromètre la hauteur des lieux inaccessibles*, par M. Jean-André de Luc, citoyen de Genève. Le rapport fut approuvé, mais le travail était trop étendu pour être imprimé dans les recueils de l'Académie; il ne parut qu'en 1772, refondu dans un ouvrage plus important : *Recherches sur les modifications de l'atmosphère*, etc., Genève, 1772, 2 vol. in-4°.

4. Deluc avait donc pénétré dans la vallée de Chamonix six années avant Saussure; quand il fit ses expériences au sommet du Buet en 1770, pour déterminer la hauteur du Mont-Blanc, il avait déjà préludé, en 1754, par des observations sur le Brévent.

5. *Montquart*.

« Sur le penchant d'une montagne[1] qui fait face au Mont-
  Blanc. . . . .   23 pouces 3 lignes 1/2.

« Je montai avec mon frère sur cette montagne pour mieux examiner le Mont-Blanc ; la crainte de nous trouver de nuit dans un terrain très scabreux nous empêcha de monter plus haut. Nous avions porté avec nous un niveau grossier fabriqué à la hâte à Montcoir ; nous l'employâmes à déterminer le point du Mont-Blanc qui correspondait horizontalement avec le lieu où nous étions parvenus et où nous fîmes la dernière observation du baromètre. Nous prîmes ce point de niveau, mon frère et moi, sans nous communiquer ; nous estimâmes ainsi séparément la pro-portion[2] qu'il y avait entre la portion du Mont-Blanc supé-rieure à ce point, et[3] celle qui était au-dessous, à compter depuis le niveau de Montcoir, et nous nous accordâmes à juger que la portion inférieure était le quart de la supé-rieure. Nous estimâmes encore par le moyen du niveau que le lieu où nous étions était un peu plus bas que le glacier des Bois. Notre baromètre se rompit sur cette mon-tagne et nos observations dans ce genre cessèrent par là. Cette catastrophe fit naître chez moi l'idée d'un baromètre à l'abri de pareil accident, et la difficulté que je trouvai dans ce temps-là à concilier les méthodes de divers phy-siciens pour mesurer les hauteurs par l'abaissement du mercure dans le baromètre a été l'occasion de mes recher-ches sur ce sujet.

« Depuis lors, j'avais oublié mes observations faites dans

1. Le Brévent, sur lequel les frères Deluc établirent leur cinquième poste d'observation, à une altitude de 843 toises ou 1,643 mètres, à environ 600 mètres au-dessus de Chamonix et 900 mètres au-dessous du sommet (2,525 mèt.).

2. C'est nous qui écrivons *proportion*, ainsi que le sens semble l'exiger ; le copiste a écrit *portion*, évidemment induit en erreur par l'emploi qui est fait de ce mot dans la même ligne.

3. Le copiste a écrit *à*, au lieu de *et*.

la vallée de Chamouny; en les reprenant aujourd'hui je m'aperçois qu'il y manque bien des circonstances nécessaires pour en conclure la hauteur des lieux. J'ai cherché à les suppléer par la réflexion, en voici le résultat :

« La quatrième observation du baromètre indique suivant ma règle que Montcoir est plus haut que le lieu de l'observation à Genève, d'environ 300 toises, et qu'il est par conséquent élevé de 305 toises au-dessus du niveau du lac.

« La cinquième observation donne 355 toises d'élévation au-dessus de Montcoir pour le lieu où elle a été faite. Si cette différence de hauteur n'est que le quart de la portion du Mont-Blanc supérieure à ce point, comme nous l'avons estimée mon frère et moi, il en résultera que le sommet du Mont-Blanc est élevé au-dessus de Montcoir

de. . . . . 1,775 t.
à quoi ajoutant la hauteur de Montcoir sur le lac,   305 t.
on trouvera la hauteur du Mont-Blanc sur le lac   2,080 t.
Par des observations plus sûres j'ai trouvé que
le lac est élevé au-dessus de la mer Méditerranée de. 183 t.
Ainsi la hauteur totale du Mont-Blanc relativement au niveau de la mer serait[1] . . . . 2,263 t.

« Il suit encore de ces observations que le glacier des Bois est élevé au-dessus du lac d'environ 700 toises[2]. »

M. Nicolas Fatio de Duillier[3] a mesuré trigonométriquement la hauteur du Mont-Blanc et la trouve de 2,000 toi-

---

1. Les nouvelles observations faites au Buet, en 1770, par Deluc donnèrent pour l'altitude du Mont-Blanc un chiffre plus élevé : 2,391 toises = 4,660 mètres (*Recherches sur les modifications de l'atmosphère*, 1772, p. 230).

2. 883 toises au-dessus du niveau de la mer = 1,720 mètres. Le plateau de Montenvers est à 1,921 mètres.

3. Nicolas Fatio de Duillier (1664-1753), mathématicien, vers 1685 avait déjà mesuré la « montagne maudite qui, en ligne perpendiculaire, a deux milles de hauteur ». (GILBERT BURNET, *Voyage de Suisse, d'Italie...*, fait ès années 1685, 1686; Rotterdam, 1687, p. 24).

ses à peu près au-dessus du niveau du lac. On prétend que la base était trop petite [1].

M. de Chezeau sur une base plus grande l'a trouvée de 2,250 toises au-dessus de ce même niveau [2].

Je dois avoir l'année prochaine une mesure trigonométrique de cette hauteur prise par M. de Luc sur une base de quatre lieues [3].

DE LA FORMATION DE LA GLACE [4]

Il paraît singulier qu'à la hauteur du Mont-Tanvert, qui est à peu près 900 toises au-dessus du niveau de la mer, il y ait une glace perpétuelle et aussi considérable. On

1. 2,183 toises au-dessus du niveau de la mer = 4,254 mètres. Ce chiffre de 2,000 toises au-dessus du lac est aussi indiqué dans les *Remarques sur l'histoire naturelle des environs de Genève*, à la suite de l'*Histoire de Genève* de Spon, Genève, 1730, in-4°, t. II, p. 458.

2. Jean-Philippe de Loys de Chézeaux (1718-1751), physicien et astronome vaudois, avait établi un observatoire à Chézeaux, au-dessus de Lausanne, comme Nicolas Fatio à Duillier, près Genève. C'est de là qu'il prit différentes altitudes des montagnes de Savoie.

Dans une lettre que nous croyons peu connue, datée de Chézeaux, 3 août 1743, recueillie par J.-B.-G. Galiffe (*D'un siècle à l'autre*, Genève, 1877), Chézeaux dit : « J'aurai l'honneur de vous dire d'abord que les premières remarques que vous avez reçues sur les montagnes de Savoye étaient fort imparfaites, n'ayant été prises que des extrémités d'une base de 2,000 ou 3,000 pieds, avec des angles obtus qui demandent certaines précautions auxquelles je n'ai bien pu prendre garde que dernièrement. Aussi ces dernières (remarques) sont les seules sur lesquelles vous puissiez compter, et je ne crois pas qu'il y ait beaucoup de différence entre elles et une exacte précision, si ce n'est peut-être celles de la Montagne maudite dont le grand éloignement rend la parallaxe très petite et la distance plus difficile à déterminer... Sa hauteur sur le niveau d'ici (Chézeaux) est 2,146 toises et, par conséquent, sur le lac, de 2,242 toises. » Cette lettre, dont nous donnons seulement un extrait, était adressée à un de ses proches parents, G. Cramer, à la suite d'un article paru dans le *Mercure*.

3. Pour l'historique de la hauteur attribuée au Mont-Blanc, qu'on a reconnu être de 4,810 mètres, voir *Le Mont-Blanc*, par Ch. Durier, pages 27 et 164.

4. [Cet article m'a été fourni par M. Dabauzit, gentilhomme français, réfugié à Genève et très savant, dans une conversation que j'ai eue avec lui sur les Glacières.]

l'attribue à deux causes, aux minéraux et à l'exposition. La première cause serait donc les sels et les nitres, dont cependant la glace ne paraît point chargée au rapport de ceux qui en ont goûté (je la trouvai sans aucun goût), ou à quelques autres minéraux dont les montagnes des environs sont pleines[1].

Quant à l'exposition elle paraît y contribuer beaucoup. Des montagnes très hautes du côté de l'Italie défendent les Glacières des vents chauds, et les montagnes septentrionales étant plus basses les laissent en proie aux vents du Nord qui regèlent, la nuit même, dans les temps les plus chauds, ce que le soleil a pu faire fondre.

M. Dabauzit dit de plus qu'il croit qu'il y a une source qui fournit l'Arbairon, laquelle source venant de Cormayeul par-dessous les Glacières apporte des paillettes d'or d'une mine aux environs que Strabon dit avoir été exploitée par les Romains. Or il croit que cette source peut contribuer aussi à la conservation de cette éternelle glace[2]. Ce serait une question digne des recherches des physiciens.

Voici comment j'imagine que cette glace s'est formée. Au commencement du monde cette vallée de glace était une vallée ordinaire où seulement il faisait très froid. Elle est entourée de plusieurs montagnes toujours couvertes de neiges. Ces neiges en se fondant tombaient dans cette vallée où la nuit les changeait en glace. Peu à peu s'accroissant, les glaces, que le soleil faisait fondre lo jour, s'écoulaient entre les gorges qui se rendent dans la vallée de Chamouny et dans le val d'Aoste, où cette fonte, jointe à celle des neiges dont sont couvertes les montagnes qui

1. L'idée de la formation de la glace par des minéraux paraît avoir été inspirée à Abauzit par un correspondant, Mann, qui lui écrivait sur les glacières du canton de Berne : « Le goût de cette glace est âpre; elle donne la soif plus qu'elle ne l'ôte, d'où il paraît naturel de conclure qu'elle est chargée de quelque minéral ». (*Œuvres diverses de M. Abauzit*, Londres et Amsterdam, 1770-1773, t. II, p. 175.)

2. [Le reste est de moi.]

bordent ces gorges, se regelait la nuit, et peu à peu a formé les glaciers qu'on voit dans la vallée de Chamouny et dans le val d'Aoste.

Voilà mon système que je soumets au jugement de tous ceux qui liront ma relation [1].

Il faut avertir mes lecteurs au sujet de l'Arbairon qu'il est prouvé que c'est lui qui apporte dans l'Arve les paillettes dont elle est chargée. L'hiver, il ne coule point la nuit et coule très peu quelques heures de la journée ; ainsi il faudrait donc que la source d'eau vive gelât toutes les nuits, ce qui suppose un froid excessif.

On trouve dans toutes ces montagnes beaucoup de plantes de Génépi auquel on attribue beaucoup de vertus.

La description de cette plante est faite par M. de Saussure [2], qui m'a donné une plante conservée. Les usages

1. Le duc de la Rochefoucauld s'intéresse aux glaciers en amateur des sciences naturelles; sa théorie est plus sensée que celle d'Abauzit.

L'impression produite par ce spectacle, alors nouveau, fut bien moins vive sur le comte de Guibert (1743-1790), maréchal de camp, aussi indifférent aux glaciers de Grindelwald qu'à l'amour passionné de Mlle de Lespinasse. Il dit avoir vu en glacier tout ce qu'il veut en voir de sa vie. « Il ne racontera pas ses émotions comme les autres voyageurs. Il a vu tout simplement le glacier fondre en silence et l'eau filtrer goutte à goutte. Vous verrez tous ces phénomènes en petit dans la première masse de neige qui fond sous vos yeux dans nos grands hivers. Multipliez, maintenant, élevez, élargissez le creux et la masse, voilà les glaciers de Grindelwald. On dit que les glaciers de Faucigny en Vallais sont plus considérables... je vous jure que je ne ferai jamais le voyage du Vallais pour voir des glaciers. » (*Voyages de Guibert en France et en Suisse*, faits en 1775, 78, 84 et 85; Paris, 1806.)

2. Le savant genevois continua à correspondre avec M. de la Rochefoucauld, d'après une lettre conservée à la bibliothèque de Mantes : « Genève, le 9 juillet 1774. — Je pars demain pour un voyage dans les Alpes où je vais étudier encore ces montagnes. Je fais le tour du Mont-Blanc. *Vous connaissez le local*, Monsieur, aussi bien que moi, quoique vous n'y soyez pas allés si souvent. »

Un autre correspondant, Ch. de Bonstetten, ne croyait pas M. de la Rochefoucauld si familier avec les glaciers lorsqu'il lui écrivait :

m'en ont été donnés par M. le docteur Tronchin[1] qui a bien voulu orner ma relation de cet article de sa façon.

Le Génépi[2] en substance ou en infusion est atténuant et diaphorétique; mais il ne l'est pas plus que plusieurs autres plantes plus communes et moins renommées. On s'en sert fréquemment, quoiqu'en effet avec très peu de succès, dans les pleurésies. Cet usage tient à la réputation du sang de bouquetin. Parce que les bouquetins dans les Alpes se nourrissent de Génépi, on en a conclu que ce dont se faisait le sang valait autant et peut-être plus que le sang même, dont la vertu, ainsi que tant d'autres choses, ne gît que dans l'opinion. On se sert aussi de Génépi dans les maladies de la peau[3].

« Berne, 26 novembre 1770. — Si vous étiez naturaliste, je vous aurais parlé de ces montagnes de glace entassées à travers les nues, où l'hiver affronte les canicules et règne avec les frimas sur le temps et les saisons. Mais vous ne connaissez malheureusement que les aigles de l'Opéra et que les glaces de M. Moreau. » (Bibl. de Mantes.) La salle de l'Opéra, incendiée en 1763, avait été réédifiée par l'architecte Moreau, et inaugurée au commencement de cette même année 1770.

1. Théodore Tronchin (1709-1781), médecin genevois. Le voyage de Genève, en 1762, fut entrepris par la duchesse d'Enville et son fils pour consulter le célèbre docteur.

2. Génepi des Savoyards : *Artemisia glacialis*; d'après Haller ce serait l'*Achillea moschata*. Par extension ce nom a été donné aux plantes qui entrent dans la composition du Vulnéraire suisse.

M. de Maugiron, dans son Mémoire lu à la Société royale de Lyon, en 1750, à la suite de son voyage dans le Valais et aux glacières du Faucigny, parle du « Genepit » qu'il n'a vu décrit nulle part : « Substance si chaude, dit le compte-rendu du Mémoire, que sa pointe perce à travers la glace et les neiges, plante qui est la pâture ordinaire des bouquetins, qui donne à leur sang la qualité de dissoudre le sang coagulé. Il voulut s'en assurer par l'expérience et fit nourrir pendant l'espace de trois semaines un bouquetin avec du foin, et une chèvre commune avec du genepit : égorgés tous deux au bout de ce temps, le sang du bouquetin avait perdu de sa qualité, et celui de la chèvre l'avait acquise. » (*La nouvelle Bigarrure*, La Haye, 1753.)

3. Les annexes ajoutées par M. de la Rochefoucauld à son Voyage aux Glacières de Savoie (Altitudes; — Formation de la glace; — Génépi) montrent en lui un curieux doublé d'un observateur.

Paris. — Typ. Chamerot et Renouard.

www.ingramcontent.com/pod-product-compliance
Lightning Source LLC
LaVergne TN
LVHW012305050726
842524LV00004B/1212